高等院校瑜伽课程中级教程

瑜伽 90′ 中级教程

贾文红　赵俊瑞　王延军　高峰　编著

蘭州大學出版社

图书在版编目(CIP)数据

瑜伽90′中级教程/贾文红等编著.—兰州：兰州大学出版社，2010.2

ISBN 978-7-311-03540-2

Ⅰ.①瑜…　Ⅱ.①贾…　Ⅲ.①瑜伽术—教材　Ⅳ.①R214

中国版本图书馆CIP数据核字(2010)第026264号

责任编辑　郝可伟　陈红升
装帧设计　张友乾

书　　名　瑜伽90′中级教程
编　　著　贾文红　赵俊瑞　王延军　高　峰
出版发行　兰州大学出版社
　　　　　(地址：兰州市天水南路222号　730000)
电　　话　0931-8912613(总编办公室)
　　　　　0931-8617156(营销中心)
　　　　　0931-8914298(读者服务部)
网　　址　http://www.onbook.com.cn
电子信箱　press@onbook.com.cn
印　　刷　甘肃日报印务中心
开　　本　787×1092　1/16
印　　张　8.25
字　　数　220千
版　　次　2010年2月第1版
印　　次　2010年2月第1次印刷
书　　号　ISBN 978-7-311-03540-2
定　　价　28.00元(含光盘)

序

——应在全社会大力推广习练瑜伽

牛年即将过去，虎年即将到来。在这除夕之日，再也不能推拖，此篇文章不得不作。

早在2008年北京奥运会前，我就喜获由兰州大学体育部贾文红、赵俊瑞二位老师编著、兰州大学出版社出版《瑜伽90′初级教程》，读后受益匪浅。而在前几天，他们又拿来《瑜伽90′中级教程》书稿，实感惊讶。真是“更快，更高，更强”。因此，作为一位体育工作者就此谈点自己的认识。

瑜伽起源于印度，是五千多年前出自印度的一种古老的强身术。它源远流长，是印度优秀文化的重要组成部分，是东方悠久智慧的结晶。据介绍，瑜伽最初的修炼者都是在乡间小舍、喜马拉雅山的洞穴和茂密森林的中心地带，由瑜伽的传授师传授给那些自愿前去学习的人们。从广义上讲，瑜伽属于印度六大哲学派系中的一大哲学体系；从狭义上讲，它是一种积极强身健体的生活方式。

瑜伽经历了五千多年的时代变迁，从最初的一种修行术，演变为一种强身健体的科学方法，被越来越多的人们所接受，尤其风靡在亚洲许多大都市，被人们公认为一种不花钱的健身术。它之所以能够传承至今，而且受到人们的青睐，是因为：瑜伽经过几千年的传承，万众的实践，证明是一种科学的体育健身活动；瑜伽包含着医学的养生理论，强调了人与自然、人与社会合一，进而达到身心和谐的境界，习练瑜伽不仅可以强身健体，而且还可以接受传统文化的熏陶；瑜伽在当今激烈竞争的社会中，对人们的工作、学习和生活起着减轻压力、自我调节的作用；瑜伽的锻炼方式和动作要求，是人们增强体质、预防疾病的有效方法；瑜伽以调身、调息、调心的习练方法，体现了深刻的“和谐”内涵，是构成和谐社会的内容之一。

与此同时，瑜伽不受年龄、性别、族别的限制，适应于全社会一切愿意接受的习练者。瑜伽不需要专门的特殊高级场地，更不需要什么专门的器械和高档服饰。它适应于机关、工厂、学校，城市和农村，各行各业，各类人群，易于大力推广，广泛传授。

贾文红、赵俊瑞二位老师，我在上世纪 80 年代初就认识，当时，他们住在现兰州大学医学校区操场旁的矮小平房内，那里阴暗潮湿，狭小拥挤，条件十分简陋。就在那样的环境中，他们勤奋好学，刻苦钻研，精心工作，教书育人；他们为人诚实，团结同志；做人大度，处事大气；他们工作出色，成绩突出，受到广大师生的高度称赞。特别是近几年来，他们以高度负责的精神、严谨认真的态度，经过长期的教学实践之后，在全国的高等院校体育教学中首开瑜伽课程，让古老的东方瑜伽以科学合理的方法进入大学课堂，受到广大师生的一致好评。同时，他们还利用课余时间，进机关，到校园，去社会，传授瑜伽，培训社会体育指导员，被称为兰州大学走

出来的科学健身传播者、推广瑜伽的领路人。这次，他们又在总结教学经验和社会推广实践的基础上，编著高等院校体育课程教材《瑜伽 90′中级教程》，这是贯彻落实党和政府关于加强青少年体育、增强青少年体质精神的需要，完全符合大学体育课程要求。它不仅适应对在校学生的教学、习练的需要，而且能够满足社会各界群众习练的要求。尤其是在编著该书中，能够既传承本质，推崇本义，又大胆创新，改革推进；既学习古代瑜伽的基本原理、基本要求，又能结合当代的实际，突出健身养心，因此，《瑜伽 90′中级教程》堪称习练瑜伽的一个范本。

我个人认为，学习推广瑜伽是贯彻落实《全民健身条例》的一个具体措施，应该加强组织领导，循序渐进，科学推广。要加强宣传，使大家从理论上认识瑜伽的科学性和积极性。应分期、分批培训骨干，优先培训各级社会体育指导员，使他们成为瑜伽学习、推广的典范。要有计划、有步骤地稳步推进，重在讲求科学健身方法。要在一切愿意接受的地方和人群，有组织地学习推广。要在学习推广的过程中，处理好继承与创新的关系，以科学的态度，推陈出新，不断完善。总之，应在全社会大力推广习练瑜伽，科学健身，增强体质。

我们期盼着更多的人参与习练瑜伽！

我们期盼着推广瑜伽的春天就要来临！

2010 年 2 月 13 日（农历己丑年除夕）

石生泰（甘肃省体育局副局长、研究员）

目 录

一 瑜伽的含义及演变 / 1
1. 瑜伽释义 / 1
2. 瑜伽的形成 / 2
3. 瑜伽的演变 / 2
二 瑜伽的流派 / 4
1. 智瑜伽 / 4
2. 业瑜伽 / 5
3. 奉爱瑜伽 / 5
4. 王瑜伽 / 5
5. 哈他瑜伽 / 5
三 瑜伽——全面健康的生活艺术 / 7
1. 瑜伽的练习 / 7
2. 瑜伽的理念 / 8
四 瑜伽手印 / 10
1. 手印：手部的瑜伽 / 10
2. 手指的象征：手印的意义 / 10
3. 几种常见的手印 / 10

五　调息和悬息 / 13
1. 调息 / 14
2. 悬息 / 14
六　冥想 / 15
1. 呼吸冥想 / 15
2. 语音冥想 / 16
3. 烛光冥想 / 16
七　瑜伽体位 / 17
1. 坐姿：安定心神，滋养神经 / 18
2. 跪姿：调整背部和脊柱 / 28
3. 站姿：伸展脊柱，放松身心 / 37
4. 卧姿：增加脊柱弹性（俯卧）；有益腹部内脏器官（仰卧） / 46
5. 支撑平衡：强壮手臂，培养平衡感，增加稳定性 / 57
6. 倒立：延缓衰老，促进血液循环 / 62
八　瑜伽动作组合 / 67
第一组合　坐姿组合 / 68
第二组合　门闩式组合 / 74
第三组合　胸式组合 / 79
第四组合　韦史努式组合 / 88
第五组合　扫转式组合 / 95
九　后记 / 105
参考文献 / 107
附：瑜伽心得 / 108
走进瑜伽，享受生活
——兰州大学教工瑜伽练习场景 / 112
示范动作学员介绍 / 115
练习瑜伽需掌握的医学常识 / 120

一　瑜伽的含义及演变

瑜伽，作为现代社会流行的一种健身运动，已为越来越多的人熟悉。其实，它不仅是一种源自5000多年前印度的古老强身术，更是一套古老的哲学，是印度文化的瑰宝和重要组成部分。瑜伽悠久的历史和科学的锻炼价值，也是其被传承至今的理由。瑜伽在当代的价值，不再被视为哲学去思考和推理，人们更愿意取其有效的成果去实践和练习。

1. 瑜伽释义（瑜伽同源词）

瑜伽（yoga）一词，来自词根“尤之”（yuj），意思是“连接、使有密切的关系、联系”，后引申为“统一、归一”，特别是“拓展灵性的方法”等含义。而在英文中有一个发音相近的词yoke，意为“牛轭、韧带、联结”，其拉丁文字源也是“联合、结合”之意。大约在公元4世纪前后，瑜伽随着佛教的传播而进入中国，中文“瑜伽”一词早在唐代就出现，是“yoga”的音译，在唐代以前意译成“相应”。

瑜伽源于古印度，是古印度六大哲学派别中的一系，探寻梵我相连的道理与方法。而现代人所称的瑜伽则主要是一系列的修身养性方法，包括调身的体位法、调息的呼吸法、调心的冥想法等。

2.瑜伽的形成

据说在5000多年前，一群修行者曾静坐在印度喜马拉雅山麓地带的原始森林中，思索人类的痛苦和烦恼的根源。在冥想中他们明白，只有回到真实的自我，才会获得永恒的安宁。他们无意中发现，各种动物发病时能够不经过任何治疗而自然痊愈，于是模仿各种动物的姿势，将这些方法运用于人体，这就是瑜伽体位法的源头。此外，他们发现如果能够控制呼吸，就能控制生命，于是瑜伽呼吸法也随之产生。同时，他们通过解析精神如何左右健康，探索出控制心理的手段，追求使身体、心灵和自然和谐统一的方法，这便是瑜伽冥想法的缘起。

3.瑜伽的演变

传统意义上的瑜伽是一种针对内心灵魂的修持术，而经过几千年的演变，现代人更多地把瑜伽当成一种健身的手段。

传统意义上的瑜伽是灵魂层面的，它意味着人们可以通过修习瑜伽，解决内心的冲突，发挥自身的潜力，并通过灵魂的修炼超越肉体，达到“小我”（个体自我）与“大我”（自然，宇宙，宇宙创造者）的结合。传统瑜伽如图1。

图 1

图 2

现代社会，人们生活节奏加快，瑜伽的身体练习层面也更注重实用，如健康养生、美容减肥等，而注重心灵的瑜伽修炼也走出深奥和苦修，成了现代的“心灵鸡汤”。现代瑜伽如图2。

二　瑜伽的流派

几千年来，瑜伽在其发展过程中形成了各种流派，传统流派主要包括智瑜伽、业瑜伽、奉爱瑜伽、王瑜伽、哈他瑜伽等五大类，还有一些瑜伽体系不占主流，此处不作介绍。

按瑜伽的真正意义，瑜伽是不可分的，因为任何一种瑜伽对修炼者来说，都是一种通往练习目的的工具和习练方法，在这里的区分，只是让练习者能够了解各种流派的瑜伽所具备的特点和要点，也因此提示所有的习练者，不要因注重某一方法而忽视了更为重要的东西。

1. 智瑜伽（Jnana yoga）

智瑜伽是一个探讨哲学、进行思辨的体系，它要求修行者热心于研究工作，用其天赋智慧探求人生的哲理。它提倡培养知识理念，从愚昧中解脱出来，达到神圣。智瑜伽所寻求的知识需要修习瑜伽者通过了解外在事物的本质，去体验和理解生命的真谛。

2. 业瑜伽（Karma yoga）

“业”是行为的意思。业瑜伽认为，行为是生命的第一表现，比如衣食、起居、言谈、举止等。业瑜伽倡导将精力集中于内心世界，通过精神活动，引导更加完善的行为。其习练过程通常采用极度克制的苦行，来历尽善行。

3. 奉爱瑜伽（Bhakti yoga）

奉爱瑜伽又称巴克提瑜伽、信仰瑜伽或善者瑜伽，专注于杜绝愚昧杂念。在这个体系的规范里，还要求通过某种宗教仪式、典礼和歌颂等方式，来表达修炼者的全身心的奉献。奉爱瑜伽认为，智、业、信仰是相互联系的。知识是生活的基础，行为是生活的表现。因此，奉爱瑜伽奉行“以仁爱之心爱人，以虔诚之心敬神”的思想，终身的目的是保持灵魂的纯洁。

4. 王瑜伽（Raja yoga）

王瑜伽是最古老的瑜伽体系，是通往精神世界的必由之路。王瑜伽的习练过程，偏重于意念和调息，通常使用莲花坐等一些体位法进行冥想，摒弃了大多数严格的体位练习。王瑜伽积极提倡八支分发，即：自律，奉行，端坐，控制呼吸，收回感知力，集中注意力，冥想和全神贯注。

5. 哈他瑜伽（Hatha yoga）

哈他瑜伽是现今人们最为熟悉的瑜伽修炼方法。它注重瑜伽体位的锻炼和调息。“哈他”意为日月，指阴和阳两种力量的结合，达到平衡。

构成哈他瑜伽有三个不可分割的因素：精神控制，调息和瑜伽体式。三者缺一不可。达到和完成三项练习即可产生效果，使

有益于健康的力量传至全身，通过调息，将宇宙的能量转变为人体的能量，才能保持身体内力的平衡。

哈他瑜伽认为，人体包括两个体系，即精神体系和机体体系。人的平常思想活动大部分是无序、混乱的，是能力的浪费，比如：疲劳、兴奋、哀伤、激动，人体只有一小部分用于维持生命。如果不能主动地自我克制和调节，这种失调会日益加剧，导致精神上和机体上的疾病。而体位法的锻炼则可消除机体的不安定因素，停止恶性循环；调息则可以清除体内神经系统的滞障，控制身体的能量并加以利用。

古老的哈他瑜伽习练的特征是穿耳环、禁欲、断食、闭气、长时间单脚站立或举手等苦行。而现代的哈他瑜伽锻炼则主要通过身体的姿势、呼吸、放松的技巧和冥想训练来达到身心的和谐。

三 瑜伽——全面健康的生活艺术

瑜伽，最早是宗教用来证悟真理的工具，但是，瑜伽发展到今天，则是现代人根据生活实际和健康需求而创造出来的，更趋向于一种平和心性与健康的运动，与传统的瑜伽修行法并不完全一致，现代瑜伽有其独特的健身理念，是一种全面的、健康的生活艺术。

1. 瑜伽的练习

瑜伽是一种注重心灵、追求身心融合的运动，其修习的目的是达到身心放松、平静和专注的境界。静坐在宽敞的室内，聆听着古老的瑜伽音乐，调整自己的身体与心灵，感觉自己的身体开始发生一些细微的变化，有一种轻松而愉快的情绪蔓延开来，流过手臂，流过身躯，进入大脑，使自己从学习、工作、生活压力中释放出来，身体变得很轻很轻……进入一个愉悦的境界。每一次练习，总是一次美好的体验，这是瑜伽修炼者最为深刻的体会。

2. 瑜伽的理念

瑜伽认为，人的体内具有生存所必需的一切力量，并引导人们不借外力，唤起且提高自己所有的内在力而自然治愈疾病，挖掘潜能。

现代神经免疫学表明："精神因素能够产生'自动免疫力'和'自愈力'，而这种功能是人体与生俱来的一种适应自然环境的生存本能。"我们的体内本来存在着这种强大的力量，只是我们不健康的生活方式和扭曲的心态把这种力量隐蔽或削弱了。

中国的瑜伽探索的是，汲取古印度的瑜伽精华，创编出一套建立身、心、灵整体健康的体系，使传统的瑜伽修持法和现代的科学健身方法结合，唤醒内在的沉睡能量，通过疏通经络、调理气息、平衡阴阳而唤起并促进这种本能的内在力。

瑜伽是人类对真实本性及深层自我的一种追求。有史以来，人类就在不断地超越自我，每个人的内心都有深层次的渴望，渴望接触更强大的力量，渴望找到归属感和生命的意义，而这些渴望的中心，就是超越人类对幸福的基本追求。

追求幸福并不是得到某些身外之物，而是要发现我们的真实本性。瑜伽的首要目的是唤起我们的深层意识和探寻存在的本质。瑜伽修行的内在精髓就是幸福和喜悦，就是对我们自己的真实本质的探索。

不论你年龄多大，不论你有什么样的文化背景和信仰，只要你练习瑜伽，都会从中受益。也许有些人的身体很健康，而有些人则有各种伤痛和疾病；有些人只练习很短的时间，而有些人则将其作为终生的追求目标。对每个渴望改善健康状况、追求快乐幸福生活的人而言，瑜伽是最好的练习。不论你的起点如何，有怎样的水平，你都可以选择最适合自己的瑜伽练习，开始你的瑜伽之旅，健康之旅。

许多人认为，瑜伽就是一种姿势和呼吸练习。事实上，瑜伽并不仅仅是身体练习，瑜伽有数千年的历史，是一个完整的系统，有一套自己的道德准则、呼吸原则和冥想技巧，可以来促进人的精神修习。实际上，瑜伽就是当我们的心灵、精神和身体有序融合时进入的优美状态。瑜伽是一种内在的修习方法，唤醒了休眠在人体内的巨大动力，并用其来开发自身独特的潜力，获得自我实现。

无论瑜伽还是其他，只要享受你的练习就可以了，快乐源于过程，而非结果。享受瑜伽之旅，提升全面健康的生活。

四 瑜伽手印

1.手印：手部的瑜伽

手印是指瑜伽修炼时手的姿势，又称为印契。不同的手印对身心的影响是不同的，瑜伽手印象征特殊的愿力和因缘，因此瑜伽修行者练习手印时会产生特殊的身体力量和意念的力量。

2.手指的象征：手印的意义

瑜伽练习时，每一个手指都有重要的象征意义，手的不同部位表现身体、大脑和心灵的不同状态。

拇指代表无处不在的宇宙本体；

食指代表个体心灵；

中指代表纯洁、智慧、和平；

无名指代表活力、动作、激情；

小指代表惰性、懒散、黑暗。

3.几种常见的手印

(1) 智慧手印

手掌心向上，大拇指与食指相扣，其他三指伸展。此手印代表把小宇宙能量和大宇宙能量合一，即人与自然合一，可以让人很快进入平静的状态。如图3。

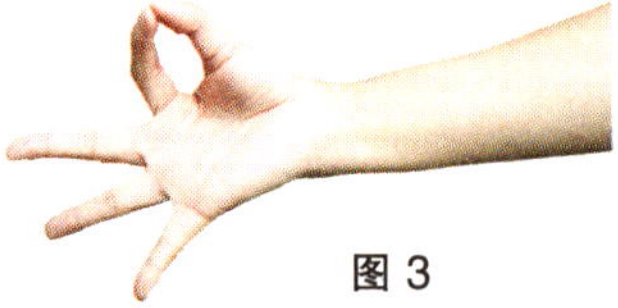

图 3

(2) 秦手印

手掌心向下，大拇指与食指相扣，其他三指自然向下伸展。作用与智慧手印相同。如图4。

(3) 双手合十手印

即阴阳平衡手印，双手合十放在胸前，意味着身体和心灵的合一，大自然与人类的合一，此手印可以增加人的专注力。如图5、6。

(4) 能量手印

无名指、中指和大拇指相扣，其他手指自然伸展。此手印可以排除体内的毒素，消除泌尿系统的疾病，提升肝脏功能，调节大脑平衡，让人更有耐心，充满自信。如图7。

(5) 生命手印

大拇指、小拇指、无名指相扣，其他两指自然伸展。此手印可增强人的活力。如图8。

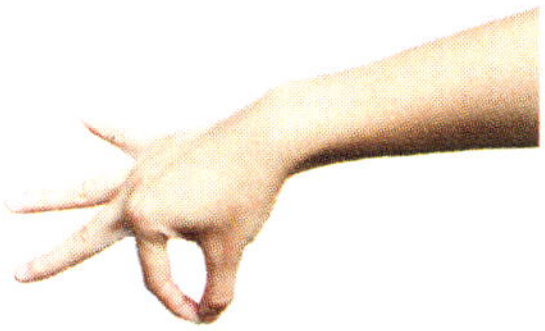

图4

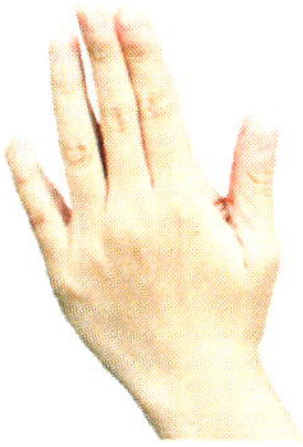

图5

图6

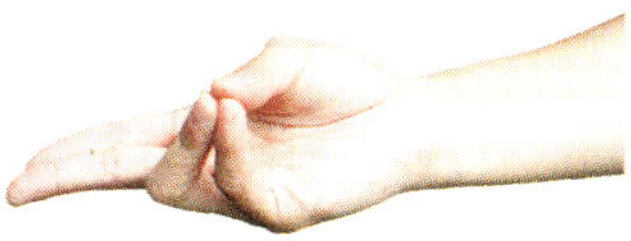

图8

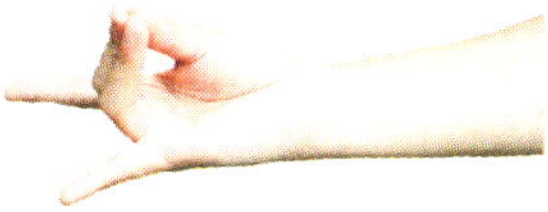

图7

(6) 流体手印

大拇指和小拇指相扣，其他三指自然伸展。此手印可以帮助人们平衡流体，改善视力以及嘴巴过干的现象。如图 9。

(7) 禅那手印

手心向上，双手手指重叠，将拇指相对。这是比较古典的手印，意味着空而充满力量的容器，可以平和稳定精神。练习时男女有别，女性右手在上，男性相反。如图 10。

智慧手印和禅那手印是调息冥想时常用的手印，它们有助于记忆力和注意力的提高，可以消除高血压、抑郁症、失眠等，让身体更和谐。

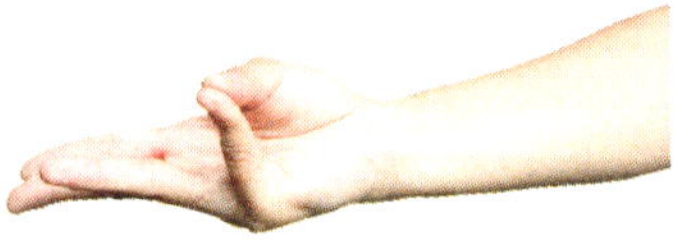

图 9

图 10

五　调息和悬息

呼吸是沟通肉体和精神的桥梁，对瑜伽修习者起着至关重要的作用。呼吸是基础，其更多地是加强我们身体对吸入气体的利用和控制。我们在初级教程里已经讲解了瑜伽呼吸法，在这里，我们主要讲解瑜伽纳地净化功里的调息和悬息。如图11。

图 11

1.调息

调息是一种通过呼吸净化身体本身及其微妙组织的方式。它除了瑜伽呼吸的正常功能外，最重要的功能是调整人体内经络中生命之气的运行与平衡流通，起到平和、净化身心的作用。它能使神经系统安静下来，让大脑的注意力更加集中。因此，调息就是控制呼吸的艺术，它能创造一个由内而外的宁静环境。

2.悬息

如果我们练习瑜伽呼吸法有一段时间了，并能从容自如地控制并调节吸气和呼气的完整过程，那就完全可以练习瑜伽呼吸中的悬息了。所谓悬息就是指在调息过程中屏住呼吸的这段时间内的状态。而悬息又分为内悬息和外悬息。内悬息是指吸气后蕴而不呼；而外悬息是指呼气后闭而不吸。正确而有规律的悬息练习可帮助人们清除肺部的陈浊气体，清除血液系统中的毒素，加大对人体的氧气供给量，使人精神焕发、头脑清晰、内心平静稳定。

虽然悬息的练习给人带来很多益处，但是，需要特别注意的是，练习不当或过多会带来负面的影响。

六　冥想

冥想是瑜伽修炼中达到专注的方式。冥想时有意识地把注意力集中在某一点上，在长时间反复练习下，使大脑进入更高的意识，从而达到身心的宁静，达到身、心、灵的全面合一，最终达到天人合一的境界。

冥想的练习方式有多种，下面介绍常用的三种冥想方式。

1.呼吸冥想

冥想时要观察呼吸，观察感觉器官，观察身体的各个部位。这是最简单的冥想技巧，花简短的时间把注意力集中到感觉和呼吸的节奏上，使呼吸渐渐变得缓慢而深沉。

在练习中，练习者可以根据自己的状态来调节冥想时间的长短，让思绪平静，更加意识到身体和精神之间的联系。

2.语音冥想

最常用的经典瑜伽语音是“OM”，它已经作为冥想的工具被瑜伽修习者唱诵了几千年。“OM”是心灵向内在集中的最精细和最好的声音，它象征神明，是一个赞颂的音节，是最常见的语音冥想法。它主要是利用声音的振动来保护自己，并让自己得到自由的冥想法，也是所有瑜伽冥想术中最安全、最流行的一种。

3.烛光冥想

冥想的本质是用心去了解自我，烛光冥想主要是帮助修炼者的精神进入一个更高的境界，有助于身与心的协调。冥想的过程，就是一个内在的反思过程，透过内心检视自我。

其练习方法：取舒适的坐姿坐好，蜡烛放置在离身体大约1米远的地方，火苗的高度同自己练习时眼睛的视线一样高。练习方法可采用：(1) 眼球按上右下左顺时针方向转动N次，逆时针方向转动N次，先慢后快；(2) 低头，慢慢抬头，移动自己的视线从烛台的底部，再到火苗的上部，仔细观察火焰的大小、颜色、形状以及火焰的内焰和外焰。练习时尽量不要眨眼，不要揉眼睛，练习数次后，闭上眼睛，观想自己两眉之间的一个亮点，直到亮点消失。然后做放松练习。

烛光冥想有清洁眼睛、提高注意力的功效，同时可以缓解眼睛疲劳，减轻失眠。

七　瑜伽体位

1.坐姿：安定心神，滋养神经

2.跪姿：调整背部和脊柱

3.站姿：伸展脊柱，放松身心

4.卧姿：增加脊柱弹性（仰卧）；有益腹部内脏器官（俯卧）

5.支撑平衡：强壮手臂，培养平衡感，增加稳定性

6.倒立：延缓衰老，促进血液循环

1.坐姿：安定心神，滋养神经

动作名称

(1)全莲坐

(2)半莲坐扭转式

(3)坐广角式

(4)坐姿侧伸展式

(5)半箭式

(6)鸽子式

(7)腰背部强壮式

(8)坐姿摆臂式

(9)龟式

(10)磨豆功

(1)全莲坐

图 1

图 2

练习方法：坐姿开始，弯曲左腿，将左脚放在右腿腹股沟处，脚心尽量向上，左膝触地；后弯曲右膝将右脚放在左腿腹股沟处，脚心向上，右膝触地；调整呼吸，充分向上伸展脊柱，双手放在双膝上（智慧手印），自然呼吸，目视前方或闭双眼。如图 1、2。

功效：缓解压力，提神醒脑，舒展髋部，提高膝部柔韧性，舒展膝关节，预防关节炎和骨质疏松，锻炼腹腔器官，改善消化系统的功能。

(2)半莲坐扭转式

练习方法：坐姿，弯曲左腿，将左脚放在右大腿下，左膝触地，再弯曲右腿，将右脚放在左大腿根部，脚心向上，挺直后背，呼气，向右转体，右手经后背抓住右脚趾，左手放在右膝上，目视前方，保持自然呼吸。如图 3。

功效：增加背部肌肉弹性，滋养脊神经，灵活髋关节和肩关节，缓解腰部胀痛，减少腰部多余脂肪，改善消化系统功能。

图 3

(3)坐广角式

练习方法：坐姿，打开双腿，挺直腰背部，目视前方，双手放在双膝上，保持自然呼吸；调整呼吸，上体前倾，双手放在体前，弯曲双肘；小臂、肘关节支撑地面，保持自然呼吸；呼气，双臂前伸，下颚、胸部尽量贴地，保持脊柱伸直，自然呼吸，保持数秒。如图 4、5、6、7。

功效：缓解压力与焦虑，镇定神经，拉伸脊柱，舒展髋部，伸展大腿内侧肌肉，提升消化系统和生殖系统的功能，促进肝脏和肾脏的血液循环。

图 4

图 5

图 6

图 7

（4）坐姿侧伸展式

练习方法：坐姿，打开左腿，伸直，弯曲右膝，脚后跟紧贴大腿内侧，双手放在右脚背，挺直后背，自然呼吸；呼气，左手放在左脚背，吸气，右手向上侧伸展，眼视右手，自然呼吸；呼气，将上体向左侧下压，双手抱住左脚，身体紧贴左腿，保持自然呼吸，保持数秒。如图 8、9、10。

功效：伸展背部、腘伸肌和小腿，舒展髋部、肩部、腹部和腰部的肌肉和韧带，促进生殖系统、肝脏、肾脏等腹腔脏器的血液循环，缓解压力和焦虑，镇定精神。

图 8

图 9

图 10

(5)半箭式

练习方法：坐姿，吸气，弯曲双膝，脚后跟紧贴臀部，双膝并拢，挺直后背，双手抓住脚踝，目视前方，保持自然呼吸；调整呼吸，双手抱住左脚，吸气，伸直左腿，目视左脚趾，自然呼吸，保持数秒。如图 11、12。

功效：提升能量，伸展背部及腿部肌群，滋养神经，按摩内脏，提高平衡与协调能力。

图 11

图 12

(6)鸽子式

练习方法：坐姿开始，打开左腿伸直，弯曲右膝，膝关节向前，调整呼吸，弯曲左小腿，用左手揽住左脚；吸气，右手臂上举至头后，双手相扣，挺直后背，收紧侧腰肌，目视前方，自然呼吸，保持数秒。如图 13、14。

功效：强健脾胃，促进胰腺功能活性化，矫正腰椎异常，促进荷尔蒙分泌；强化侧腰肌、臀肌，减少腰、臀、髋部脂肪，防止臀部下垂，柔软肩关节，伸展臂部肌肉，塑造身材曲线美。

图 13

图 14

(7)腰背部强壮式

练习方法：双腿并拢，向前伸直，后背挺直；吸气，弯曲双膝，大腿紧贴胸腹部，脚后跟尽量回收，双手抱住小腿胫骨，目视前方，自然呼吸；吸气，双手胸前合掌，拇指相扣，自然呼吸，吸气，双臂上举，大臂夹紧耳际，双膝并拢，自然呼吸，保持数秒。如图 15、16、17、18。

功效：强壮背部肌群，缓解颈部、肩部和上背部的紧张，可改善驼背等不良体态，对长期伏案者有很好的练习作用。

图 15

图 16

图 17

图 18

(8)坐姿摆臀式

练习方法：坐姿，双手放在臀部后侧，指尖朝后撑地，吸气，弯曲双膝，脚尖点地；膝关节并拢，目视前方，自然呼吸，呼气，双膝向左侧下压，翻转臀部，目视右下方，自然呼吸，保持数秒；吸气，双膝还原，呼气。用同样的方法做另一侧练习。如图 19、20、21、22。

功效：按摩腹部内脏器官，促进消化，使腰部灵活，并能减除侧腰部多余脂肪，锻炼腰骶骨，美化胸部、背部线条。

图 19

图 20

图 21

图 22

(9)龟式

练习方法：坐姿，调整呼吸，微曲双膝，脚掌心相对；将双手放在双膝下，指尖朝后，手心向下，呼气，双手向两侧斜后方推送，尽量伸直双臂，让腹部贴地，前额放在双脚掌内侧，自然呼吸，保持数秒。如图 23、24、25。

功效：滋养神经系统，强化脊柱，保养腹内脏器，伸展双臂、双腿、背部肌肉，灵活肩关节、髋关节、膝关节，提升肌肉与关节的控制能力。

图 23

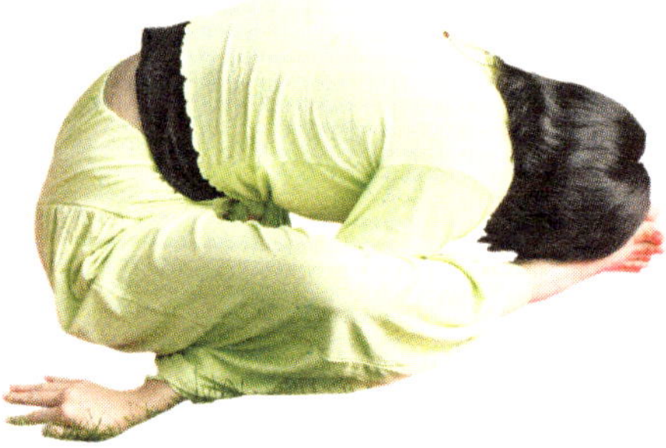

图 24

图 25

（10）磨豆功

练习方法：坐姿，双腿并拢向前伸直，挺直后背，双臂平举，手指交叉，自然呼吸；呼气，上体向前，双手尽量超过脚尖；吸气，向右侧转动腰部，带动上体双臂随身体做水平的圆周运动，向前呼气，向侧后吸气。重复练习数次，换方向做另一侧练习。如图 26、27、28、29、30、31。

功效：按摩腹部内脏器官，加强腰腹部肌肉力量，强腰健肾。

图 26

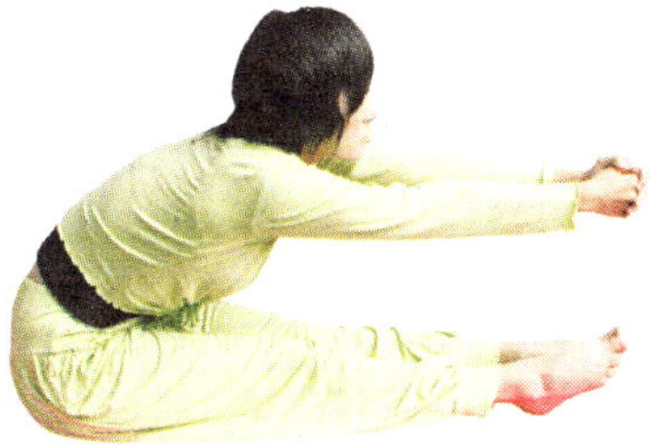

图 27

图 28

图 29

图 30

图 31

2.跪姿：调整背部和脊柱

动作名称

(1)前金刚
(2)后金刚
(3)门闩式
(4)风帆式
(5)扬帆式
(6)直角侧抬腿式
(7)腹部按摩式
(8)虎式

(1)前金刚

练习方法：金刚坐姿，调整呼吸，双手在后腰部交握；吸气，双肩向后靠拢，挺胸，背部肌肉成“川”字，自然呼吸，保持数秒；吸气，双肩放松，呼气，上体慢慢向前俯，直至额头触地，胸腹部紧贴双腿，自然呼吸，保持数秒。如图 1、2、3。

功效：促进血液循环，消除头晕，缓解抑郁、焦虑，尤其对低血压者有效；矫正肩胛骨，美化肩部，恢复正常体态，并有效消除肩、颈、背等部位的疼痛。

图 1

图 2

图 3

（2）后金刚

练习方法：金刚坐姿，调整呼吸，双手依次放于身体两侧，将上体缓慢平躺在地面上，双手自然放在身体两侧，手心向下，保持自然呼吸；双肘撑地，后背部离开地面，头后仰，百会穴着地，自然呼吸，保持数秒。如图 4、5、6。

功效：镇静神经系统，改变酸性体质，使心态积极乐观；刺激脊柱神经和脚部微血管活性化，缓解脚部风湿、骨刺等疼痛，消除便秘。

图 4

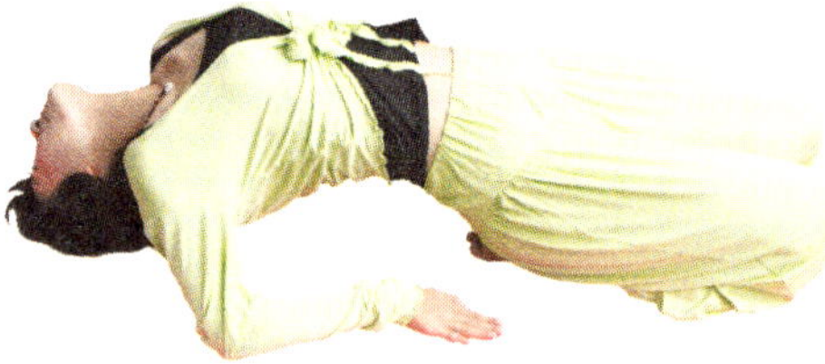

图 5

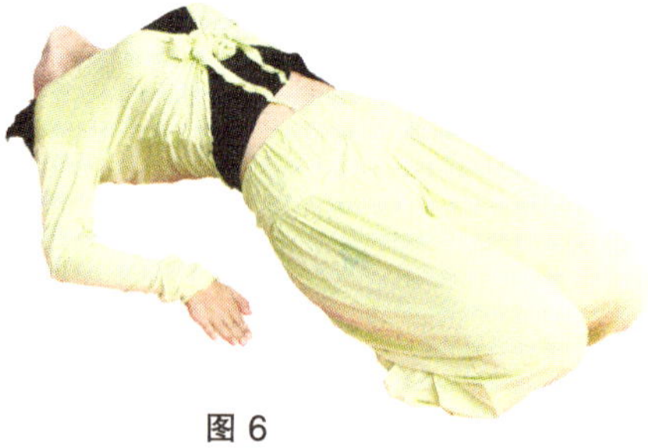

图 6

（3）门闩式

练习方法：右腿屈膝跪撑于地面，左腿向外侧伸直，右膝、左脚在一条直线上；双臂侧平举，手心向下，目视前方，自然呼吸；呼气，身体向左侧弯，左手放在左腿上，向下滑至脚背，同时右手斜上举，双手臂成一条斜线，目视右手指尖，自然呼吸，保持数秒；呼气，右手向左脚处伸展，两手相靠，右大臂紧贴耳际，自然呼吸，保持数秒。如图 7、8、9、10。

功效：改善胃肠功能，有益神经系统，使人身心安定平和，预防高血压、动脉硬化，柔软伸展侧腰肌，减少腰部、腹部、髋部的赘肉，活化柔软脊柱。

图 7

图 8

图 9

图 10

(4)风帆式

练习方法：右腿跪立地面，左腿向外打开，调整呼吸，呼气，右手支撑地面，距右膝 20 厘米处，手指尖向后，同时上体向右侧弯，左臂伸直，手心向下，大臂紧贴耳际，目视支撑臂垂直线，自然呼吸，保持数秒。如图 11。

功效：消除疲劳，舒缓身心，矫正体型歪斜，恢复体态平衡，使身体线条柔美修长。

图 11

（5）扬帆式

练习方法：右腿跪立地面，左腿向外打开，呼气，上体向右侧弯并后仰，右手指尖向前放在地面上，左手臂上扬，大臂紧贴耳际，仰头，腰部用力上挺，使胸腹部尽量向上，眼视左手指尖，自然呼吸，保持数秒。如图 12。

功效：扩展胸部，消除疲劳，舒缓身心，恢复体态，使身体线条柔美修长。

图 12

(6)直角侧抬腿式

练习方法：金刚坐姿开始，调整呼吸，双手放于体前，支撑地面，上体与腹部呈直角，大腿与小腿之间呈直角，自然呼吸；吸气，左腿抬起，大腿内侧与地面平行，膝关节与臀部保持水平，大腿与小腿成直角，自然呼吸，保持数秒；呼气，上体、大腿保持不动，小腿向侧伸直，左腿与地面保持平行，自然呼吸，保持数秒。如图 13、14、15。

功效：收紧臀肌，强化臀部外侧肌肉，减少髋部、腰部赘肉。

图 13

图 14

图 15

(7)腹部按摩式

练习方法：左膝跪地，臀部坐在脚后跟上，右膝弯曲，脚尖与左膝关节平行，挺直后背，双手自然放于双膝上，目视前方，自然呼吸；呼气，上体右转，下颌尽量贴近右肩，目视右后方，自然呼吸，保持数秒。如图 16、17。

功效：减少颈部赘肉，活化颈椎，放松颈部周围僵硬的肌肉，按摩腹内脏器，刺激胃肠蠕动，预防便秘。

图 16

图 17

（8）虎式

练习方法：金刚坐姿开始，调整呼吸，跪撑，双手、双膝着地，双手臂与肩同宽，大腿与腹部、大腿后侧与小腿成直角，自然呼吸；呼气，松颈垂头，左腿前收，膝关节紧贴前额，拱起后背，自然呼吸；吸气，同时左腿由后向上抬起，挺胸，抬头，塌腰。自然呼吸，保持数秒。如图 18、19、20。

功效：促进气血运行，改善体态，伸展脊柱，强壮脊椎神经与坐骨神经，强壮生殖器官；减少腹部、腰部、臀部与大腿的脂肪，也是产后妇女恢复体形的最佳练习姿势。

图 18

图 19

图 20

3.站姿：伸展脊柱，放松身心

动作名称

(1)战士式(高级姿势)

(2)开腿前伸式

(3)直角式

(4)转腰式

(5)头触脚式

(6)侧前伸展式

(7)新月式

(8)鸵鸟式

(1)战士式(高级姿势)

练习方法：山式站姿开始，调整呼吸，双脚分开与肩同宽，同时右脚外转，吸气，右手臂上举，手心向后，大臂紧贴脸颊，目视右手指，左手自然放在左大腿侧；呼气，屈右膝右肘成弓步，蹬直左腿，自然呼吸；吸气，左手向上搬住右肘关节，呼气，伸展胸部，眼视斜上方，自然呼吸，保持数秒。如图 1、2、3。

功效：舒展髋部和肩部，扩张胸腔，增加肺活量，改善消化系统和循环系统的功能，增强肌肉耐力，拉伸脊柱，增强意志力。

图 1

图 2

图 3

(2)开腿前伸式

练习方法：山式站姿开始，调整呼吸，双腿分开站立宽于肩；呼气，上体向前弯曲，双手放于体前支撑地面，胸部与地面保持平行，自然呼吸；呼气，头顶向下放在地面上，双腿蹬直，双手放在双脚上，自然呼吸，保持数秒。如图4、5、6。

功效：强化双脚、脚腕、膝部、大腿内侧及下背部肌肉，改善消化、循环系统功能，锻炼腹腔脏器，减轻背痛，缓解头痛和鼻窦炎症状，缓解压力焦虑，镇定心神，增强意志力。

图4

图5

图6

(3)直角式

练习方法：山式站姿，吸气，双臂上举，手心向前，如图7；呼气，上体向前弯曲与地面平行，尽量使上体与双腿成直角，眼视双手，挺直后背，伸直双腿，自然呼吸，保持数秒。如图8、9。

功效：消除紧张压力，可纠正脊柱弯曲和双肩下垂，增强腰背部力量，减少腰、腹部多余脂肪。

图7

图8

图9

(4)转腰式

练习方法：山式站姿，调整呼吸，双脚分开稍宽于肩，吸气，双臂经身体两侧打开上举至头顶，双手十指交叉，翻掌上推，眼视前方，自然呼吸，如图10；呼气，上体向前弯曲与地面平行，眼视双手，双腿保持挺直，如图11；呼气，慢慢转体向左至极限，自然呼吸，保持数秒；吸气，还原，换方向转体，如图12。

功效：加强腰、背和髋关节的力量，可改善不良姿态，伸展脊柱，消除腰背部赘肉，对矫正脊柱非常有用。

图 10

图 11

图 12

（5）头触脚式

练习方法：山式站姿，调整呼吸，双脚打开宽于肩，同时双手体后交叉，右脚外转，自然呼吸，如图 13；呼气，右膝弯曲成直角，身体前屈，腹部、胸部紧贴大腿，头尽量伸向地面，前额贴在脚背上，双臂向上，肩胛骨收拢，自然呼吸，保持数秒，如图 14。

功效：伸展体侧，扩张胸腔，锻炼腹腔脏器，强化踝关节、膝关节及髋关节，改善甲状腺、甲状旁腺的功能，拉伸脊柱，提高平衡性，强化大腿、小腿和足部的肌肉，提神，缓解压力。

图 13

图 14

（6）侧前伸展式

练习方法：山式站姿，调整呼吸，双脚开立宽于肩，呼气，右脚外转，脚尖向前，同时左脚掌内扣，吸气，双臂打开上举至头顶，合掌，大拇指相扣，自然呼吸，如图 15；调整呼吸，双手分开，手心向前，呼气，上体前屈，双手放在右脚前侧，支撑地面，自然呼吸。呼气，身体俯于大腿上，前额紧贴小腿胫骨，自然呼吸，保持数秒，如图 16。

功效：缓解压力，扩张胸腔，伸展腘伸肌，改善消化系统和循环系统的功能，促进甲状腺和甲状旁腺的功能，锻炼腹部肌肉，伸展脊柱，提高平衡性。

图 15

图 16

（7）新月式

练习方法：左腿屈膝，右腿伸直，膝关节、脚背着地，自然呼吸，如图17；吸气，双手胸前合掌，拇指相扣上举，目视前方，自然呼吸，如图18；吸气，将髋骨前推，向后伸展腰背，自然呼吸，保持数秒，如图19。

功效：强壮和伸展全身骨骼和肌肉，增强腿部力量，舒展髋部和肩部，扩张胸腔，增加肺活量，促进消化，增强肌肉耐力，缓解坐骨神经痛，增强意志力，促进思维，集中精神。

图 17

图 18

图 19

(8)鸵鸟式

练习方法：山式站姿，调整呼吸，双臂上举，呼气，上体向前弯曲，双手臂经前放在双脚两侧，指尖向后，前额紧贴小腿胫骨，双腿伸直，自然呼吸，保持数秒。如图 20。

功效：促进血液循环，清除体内垃圾，改善脑部供血，改善颈椎疲劳，按摩脏器，加快代谢速度，调节、平衡体内各系统功能，消除背痛、腰痛和腿痛。

图 20

4.卧姿：增加脊柱弹性（仰卧）；有益腹部内脏器官（俯卧）

动作名称

(1)桥式
(2)鱼式
(3)蹬车式
(4)腹部伸展式
(5)腿拉伸式
(6)弓式
(7)蛙式
(8)蜥蜴式
(9)蝗虫式
(10)上犬式

（1）桥式

练习方法：仰卧，调整呼吸，弯曲双膝，双脚平行打开与肩同宽，自然呼吸，如图 1；吸气，双脚压地，同时抬起臀部、后腰部，伸展大腿，双手手心向下放于地面，双肩胛收拢，支撑地面，下颌紧贴胸骨，自然呼吸，保持数秒，如图 2。

功效：缓解高血压、哮喘和鼻窦炎，减轻疲劳，提高脊柱和肩部的柔韧性，刺激神经系统，促进消化，舒展胸部、颈部和肩部，促进甲状腺和甲状旁腺的功能，提高肺活量，能有效松弛因背部受压而引起的肌肉紧张。

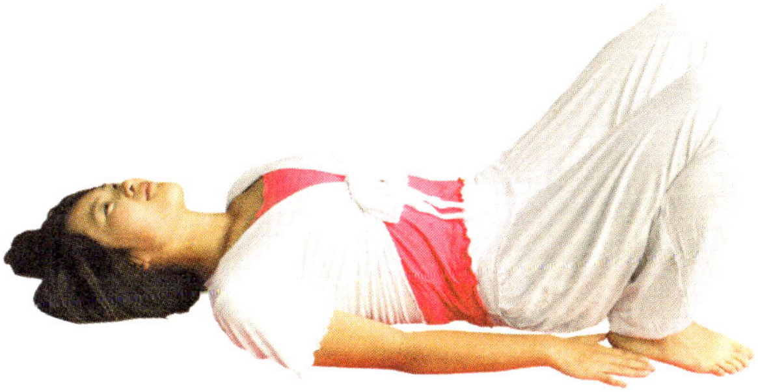

图 1

图 2

（2）鱼式

练习方法：双腿并拢，双手放在臀部两侧，手心向下，自然呼吸，如图3；吸气，弯曲双肘，用小臂、肘关节支撑地面，如图4；背部拱起，呼气，抬起下颌，用头顶支撑地面，自然呼吸，如图5；双手胸前合掌，大拇指相扣，呼气，双手臂伸出，手指尖触地，自然呼吸，保持数秒，如图6。

功效：扩展胸部肌肉，预防胸腺疾病，改善呼吸机能，柔软腰部，消耗热能，促进消化。

图 3

图 4

图 5

图 6

(3)蹬车式

练习方法：仰卧，双手放在身体两侧，手心向下，吸气，抬起双腿与身体垂直，如图7；调整呼吸，双腿按顺时针方向蹬数次，再按逆时针方向蹬数次，如图8。

功效：纤细美腿，锻炼大腿肌肉，强化背部力量，强腰健肾，健美腰背部，有助于增强身体的控制力，排除杂念。

图7

图8

(4)腹部伸展式

练习方法：仰卧，吸气，双手贴地面经两侧上举至头顶合掌，大拇指相扣，自然呼吸，如图 9；吸气，弯曲双膝，膝关节并拢，脚后跟紧贴臀部，脚尖点地，自然呼吸，如图 10；呼气，上体保持不动，双膝向右侧下压，伸展左侧腹部，自然呼吸，保持数秒，如图 11；吸气还原，呼气做另一侧练习，如图 12。

功效：按摩腹部内脏器官，促进消化功能，消除腹部、腰部赘肉，使腰部灵活，使身体呈现美的曲线。

图 9

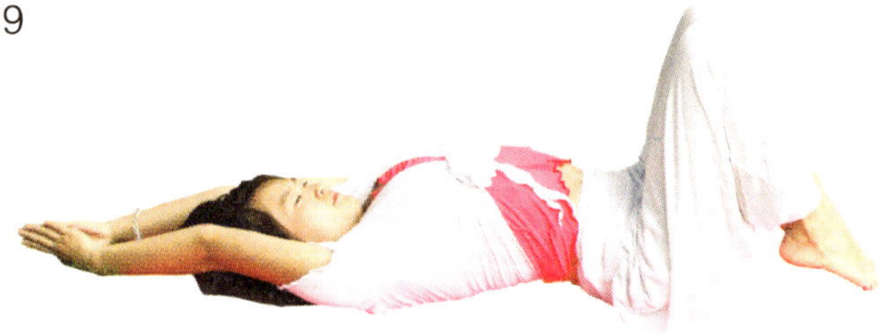

图 10

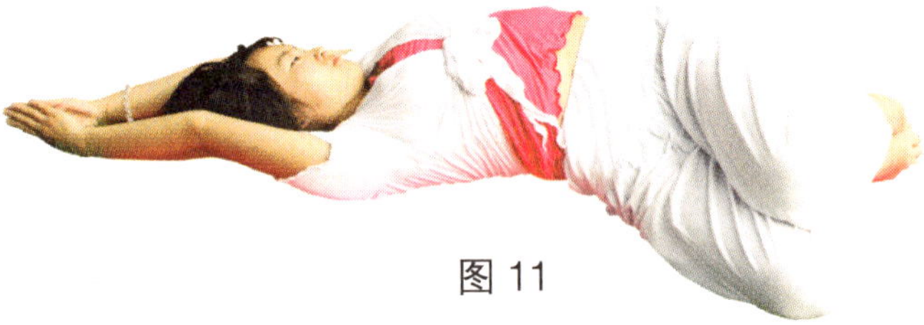

图 11

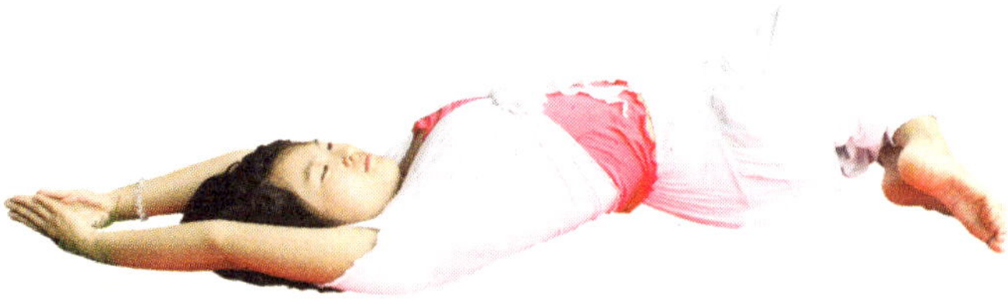

图 12

(5)腿拉伸式

练习方法：仰卧，吸气，右腿伸直贴地，缓慢抬起左腿，调整呼吸，双手抱住左脚踝或左小腿，自然呼吸，如图13；呼气，上体抬起，后背离开地面，用前额或鼻尖触及膝关节或小腿胫骨，自然呼吸或屏息，保持数秒，如图 14。

功效：滋养和疏通坐骨神经，增强腹部肌肉耐力，有助于肝脏、脾脏、胰腺和消化系统，减少腰腹部多余脂肪。

图 13

图 14

（6）弓式

练习方法：俯卧，调整呼吸，弯曲双膝，双手向后抓住双脚踝，额头或下额触地，自然呼吸，如图 15；吸气，抬起上体，挺胸，头部后仰，伸展颈部，双手用力拉住脚踝，将上体和腿抬高，全身呈弓形，自然呼吸，保持数秒，如图 16。

功效：消除背部赘肉，矫正驼背，健胸瘦身，预防臀部下垂，舒展胸部和咽喉，促进消化，恢复体力，塑造身体曲线。

图 15

图 16

(7)蛙式

练习方法：俯卧，调整呼吸，弯曲双膝，膝关节并拢，双手抓住脚背，并将其压向臀部，下颚着地，自然呼吸，如图 17；吸气，抬起上体，腹部着地，挺胸，头部向上，伸展颈部，自然呼吸，保持数秒，如图 18。

功效：强化肾脏，增加精力，恢复体能，消除关节痛、风湿痛、神经痛以及骨刺等，矫正扁平足，改善不良腿型。

图 17

图 18

（8）蜥蜴式

练习方法：俯卧，调整呼吸，双手重叠放在胸腹之间，固定手肘，重心压在前臂上，自然呼吸，如图 19；吸气，重心上移，臀部拱起，双膝和双肘支撑身体，呼气，塌腰，胸部触地，下额放在手背上，自然呼吸，保持数秒，如图 20。

功效：促进脊柱神经的血液循环，缓解身体疲劳，改变弓腰驼背姿势，矫正不良体态。

图 19

图 20

(9)蝗虫式

练习方法：俯卧，双臂前伸，额头触地，如图 21；吸气，左腿抬起，同时右手臂前伸，挺胸，伸展背部，自然呼吸或屏息，保持数秒；呼气还原，换做另一侧练习，如图 22。

功效：拉伸脊柱，舒展胸部、肩部和喉部，促进消化，锻炼腹部，促进循环系统的功能，提高柔韧性，改善体形，缓解焦虑和压力。

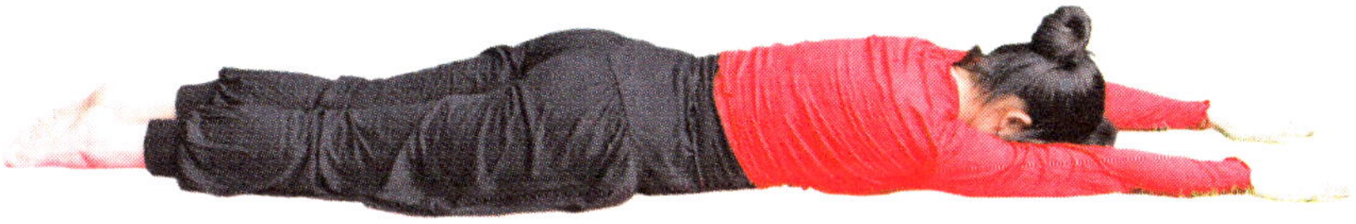

图 21

图 22

（10）上犬式

练习方法：俯卧，双膝稍分开 10~20 厘米，双手放在胸部两侧，吸气，双手推地，伸直双臂，仰头，挺胸，塌腰，收紧双腿肌肉，夹紧臀肌，双腿完全离开地面，伸展脊柱，自然呼吸，保持数秒。如图 23。

功效：增强脊柱弹性，增加肩部及双腿的柔韧度，改善骨盆区域的血液循环，缓解背痛，强健消化系统、呼吸系统和甲状腺的功能。

图 20

5.支撑平衡：强壮手臂，培养平衡感，增加稳定性

动作名称

(1)斜板式

(2)顶峰式(单腿上举式)

(3)V 字平衡式

(4)鹤禅式

（1）斜板式

练习方法：坐姿，双腿并拢向前伸直，双手放在臀部后侧，指尖向前，如图 1；吸气，双手推地，向上挺起腰部，头部后仰，充分伸展上体，使肩到脚趾成一斜平面，自然呼吸，保持数秒，如图 2。

功效：伸展腰部，消除因运动不足、肩膀老化而形成的腰痛，锻炼背肌，强化腹部、肩部、腿部和臂部，缓解疲劳，提高平衡性，是前俯后所做的平衡互补的姿势。

图 1

图 2

(2)顶峰式(单腿上举式)

练习方法：金刚坐姿，调整呼吸，双手放于体前，与肩同宽，如图 3；吸气，臀部离开小腿，双手推地，手臂、腹部同时用力撑起身体，脚跟提起，如图 4；呼气，手臂、肩部、背部下压，同时慢慢抬起左腿至自身极限，尽量使身体、脚、手成一直线，自然呼吸，保持数秒，如图 5。

功效：促进全身血液循环，特别是脑部的血液循环，伸展、强化背部肌肉，防止背部松弛下垂，刺激按摩肩部、髋关节、脚踝等部位，并能强健该部位的肌肉活力与弹性。

图 3

图 4

图 5

(3)V 字平衡式

练习方法：坐姿，调整呼吸，弯曲双膝，大腿紧贴胸腹部，双手由脚掌外侧抱住脚板，眼视前方，自然呼吸，如图 6；吸气，慢慢将双腿抬起伸直，眼视脚趾尖，自然呼吸，保持数秒，如图 7。

功效：增强腹肌力量，消除腹部赘肉，使大腿修长，并能改善胃肠功能，消除便秘，强化背部力量，增强平衡性。

图 6

图 7

（4）鹤禅式

练习方法：双脚分开站立，调整呼吸，微曲双膝，双手放在体前地面，自然呼吸；吸气，屈肘，拱起后背部，双臂肌肉绷紧，膝盖抵住上臂后侧，踮起脚尖，如图 8；将重心转至手上，双腿向上抬起，自然呼吸，保持数秒，如图 9。

功效：提高平衡性和协调性，改善消化系统功能，强健手臂和手腕，伸展腕关节，并能缓解精神紧张，舒缓身心，有助于神经系统得到平衡。

图 8

图 9

6.倒立：延缓衰老，促进血液循环

动作名称

(1)头顶式

(2)肩倒立直角式

(3)犁式

(4)犁变式

（1）头顶式

练习方法：金刚坐姿，调整呼吸，双手放在双膝前，前臂弯曲，如图 1；呼气，俯身向前，头顶百会穴置于地面，手掌支撑地面放在头部两侧，吸气，腰部用力，双膝伸直，脚尖蹬地，自然呼吸，保持数秒，如图 2。

功效：促进脑部血液循环，使头脑清醒，精力充沛，情绪稳定，皮肤有光泽；刺激甲状腺与荷尔蒙分泌，控制食欲，治疗肥胖，强化肩、颈部肌肉，矫正颈椎异常，治疗肩膀酸痛，缓解静脉曲张。

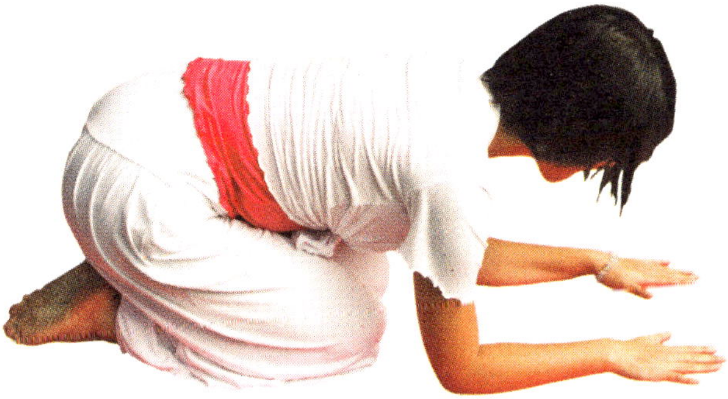

图 1

图 2

（2）肩倒立直角式

练习方法：仰卧，调整呼吸，双手手心向下压地，吸气，缓慢抬起双腿，如图 3；腿部向头的方向伸直，弯曲双肘，用双手托住腰部，髋关节屈折成 90° ，伸直双腿，绷直脚面，自然呼吸，保持数秒，如图 4。

功效：消除颈部和肩膀酸痛，有助于消除眼部疲劳，并能促进全身血液循环，尤其对腰部、腿部血液不畅通而导致的疲劳有疗效。

图 3

图 4

(3)犁式

练习方法：仰卧，吸气，收缩腹肌，双手手心向下压地，抬起双腿，将腿翻过头部，放低双脚，直至脚尖触地，髋部位于肩部上方，双手臂平贴背部，自然呼吸，保持数秒。如图5。

功效：促进血液循环，滋养脊柱神经，养颜护肤，消除腰痛、背痛，减除腰部、髋部、腿部的脂肪，拉伸脊柱，治疗失眠，并有益内脏器官。

图5

(4)犁变式

练习方法：仰卧，吸气，收缩腹肌，双手手心向下压地，抬起双腿，将腿翻过头部，放低双脚，脚尖触地，呼气，弯曲双膝，双膝放在耳际两旁，双手放在膝关节弯曲处，舒展后背，自然呼吸，保持数秒。如图 6。

功效：促进血液循环，滋养脊柱神经，养颜护肤，消除背痛、腰痛，减除腰部、髋部、腿部的脂肪，拉伸脊柱，治疗失眠，对内脏器官十分有益。

图 6

八　瑜伽动作组合

第一组合　坐姿组合

第二组合　门闩式组合

第三组合　胸式组合

第四组合　韦史努式组合

第五组合　扭转式组合

第一组合　坐姿组合

动作一　美人鱼式　　如图 1、2、3。

动作二　前俯式　　如图 4、5。

动作三　坐广角式　　如图 6、7、8、9。

动作四　半莲坐扭转式　　如图 10。

动作五　坐姿伸背式　　如图 11。

动作六　屈膝摆臀式　　如图 12、13、14。

动作七　直腿转腰式　　如图 15、16、17、18。

动作八　斜板式　　如图 19。

动作九　龟式　如图 20。

功效：伸展脊柱，按摩腹腔，刺激肝脏和肾脏，增强脊柱弹性，兴奋中枢神经，加强手臂力量，调动腰腹运动，收紧臀部肌肉，减少腰侧和大腿区域多余脂肪，减轻生殖系统失调症状，提神醒脑，提高记忆力。

美人鱼式

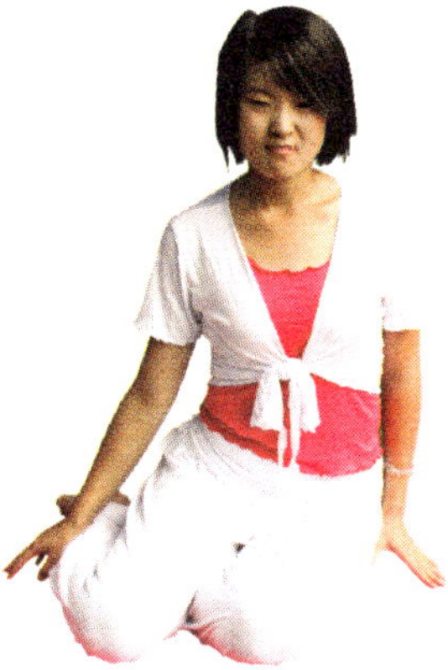

图 1

图 2

图 3

前 俯 式

图 4

图 5

坐广角式

图 6

图 7

图 8

图 9

半莲坐扭转式

图 10

坐姿伸背式

图 11

图 12

图 13

图 14

屈膝摆臂式

图 15

图 16

直腿转腰式

图 17

图 18

斜 板 式

图 19

龟 式

图 20

第二组合　门闩式组合

动作一 门闩式（一）　如图1、2。

动作二 门闩式（二）　如图3。

动作三 门闩式（三）　如图4。

动作四 风帆式　如图5。

动作五 扬帆式　如图6。

动作六 单臂上举式　如图7。

动作七 前俯式　如图8。

动作八 双臂上举式　如图9、10。

动作九 侧伸展式　如图11。

动作十 新月式　如图12。

动作十一 动物放松式　如图13。

功效：拉伸体侧，扩张胸腔，锻炼腹腔脏器，强化关节，伸展大腿、小腿以及腹部肌肉，缓解坐骨神经痛，舒展髋部和肩部，加深呼吸，消除疲劳，舒缓身心，矫正体型歪斜，恢复体态平衡，增强意志力，促进思维。

门闩式(一)

图 1

图 2

门闩式(二)

图 3

门闩式(三)

图 4

风 帆 式

图 5

扬 帆 式

图 6

图 7

单臂上举式

前 俯 式

图 8

图 9

双臂上举式

图 10

侧伸展式

图 11

新　月　式

图 12

动物放松式

图 13

第三组合　胸式组合

动作一　跪立上举式　　如图1。

动作二　弯月式（一）　如图2。

动作三　弯月式（二）　如图3。

动作四　弯月式（三）　如图4。

动作五　弯月式（四）　如图5。

动作六　双臂平举式　　如图6。

动作七　跪姿前俯式　　如图7。

动作八　展翅式　　如图8、9、10、11、12、13。

动作九　背部强壮式　　如图14、15。

动作十　半箭式　　如图16、17、18、19。

动作十一　斜板式　　如图20。

动作十二　龟式　　如图21。

功效：强壮背部肌群，滋养神经系统，保养腹内脏器，促进消化功能，减除腰部多余脂肪，提升能量，提升肌肉与器官的控制能力，美化手臂线条，使各部位肌肉结实，加强脊柱血液循环，提高平衡与协调能力。

跪立上举式

图 1

弯月式(一)

图 2

弯月式(二)

图 3

弯月式(三)

图 4

弯月式(四)

图 5

双臂平举式

图 6

跪姿前俯式

图 7

图 8

展 翅 式

图 9

图 10

展 翅 式

图 11

图 12

图 13

图 14

图 15

背部强壮式

图 16

图 17

半 箭 式

图 18

图 19

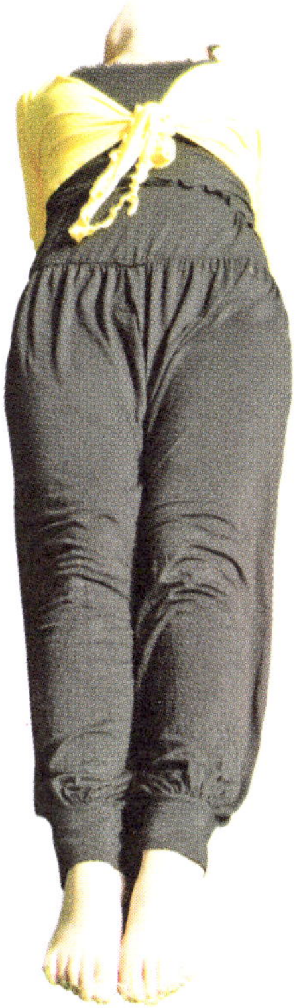

图 20

斜　板　式

龟　　式

图 21

第四组合　韦史努式组合

动作一　韦史努式　　如图 1、2、3、4、5、6。

动作二　单腿摆动式　　如图 7、8、9、10。

动作三　腿拉伸式　　如图 11、12。

动作四　排毒式　　如图 13、14。

动作五　双腿 15°、30°、60°、90°摆动式　　如图 15、16、17、18。

动作六　蹬车式　　如图 19、20。

动作七　犁式　　如图 21、22、23。

动作八　犁变式　　如图 24。

动作九　滚动式　　如图 25、26。

功效：纤细美腿，锻炼大腿肌肉，强化背部力量，强腰健肾，滋养和疏通坐骨神经，滋养脊柱神经，有助于肝脏、脾脏、胰腺和消化系统，有助于增强身体控制力，排除杂念，减少腰腹部多余脂肪，促进血液循环，养颜护肤。

图 1

图 2

韦史努式

图 3

图 4

图 5

图 6

单腿摆动式

图 7

图 8

图 9

图 10

图 11

腿拉伸式

图 12

图 13

排 毒 式

图 14

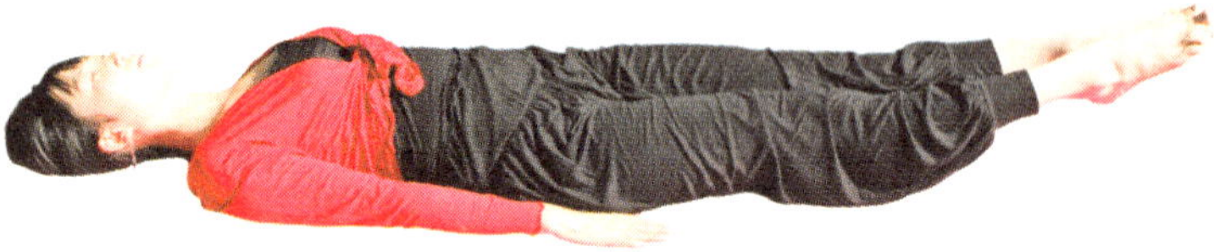

图 15 （15°）

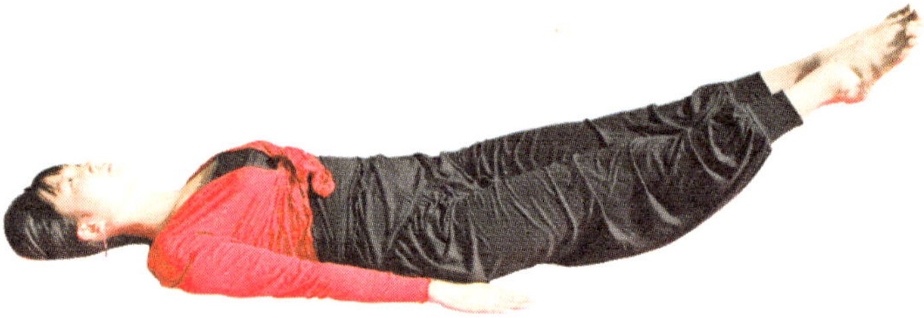

图 16 （30°）

图 17 （60°）

图 18 （90°）

双腿摆动式

蹬 车 式

图 19

图 20

图 21

犁 式

图 22

图 23

犁变式

图 24

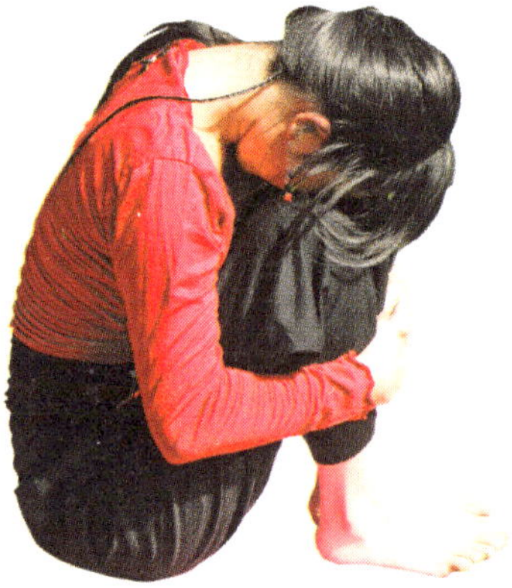

图 25

滚动式

图 26

第五组合　扫转式组合

动作一　单臂上举式　　如图 1、2、3。

动作二　双臂上举式　　如图 4、5。

动作三　侧腰伸展式　　如图 6。

动作四　转腰开腿前伸展式　　如图 7、8、9、10、11、12、13。

动作五　后交叉展胸式　　如图 14、15、16。

动作六　双角式　　如图 17、18。

动作七　鱼钩式　　如图 19、20、21、22。

动作八　直角转腰式　　如图 23、24、25、26、27。

动作九　战士式（高级）　如图 28、29、30。

动作十　头触脚式　　如图 31。

功效：消除紧张压力，伸展体侧，扩张胸腔，锻炼腹腔脏器，强化各关节，改善甲状腺和甲状旁腺的功能，拉伸脊柱，提高平衡性，增加肺活量，改善消化系统和循环系统的功能，增强肌肉耐力，增强意志力。

单臂上举式

图 1

图 2

图 3

图 4

双臂上举式

图 5

侧腰伸展式

图 6

转腰开腿前伸展式

图 7

图 8

图 9

图 10

图 11

转腰开腿前伸展式

图 12

图 13

后交叉展胸式

图 14

图 15

图 16

双 角 式

图 17

图 18

图 19

图 21

鱼钩式

图 20

图 22

直角转腰式

图 23

图 24

图 25

图 26

图 27

战士式

图 28

图 29

图 30

头触脚式

图 31

九 后记

《瑜伽 90′ 中级教程》即将付梓，我如释重负，长长舒了口气。顿觉疲惫之感与喜悦之情相互交融，酸甜苦辣五味皆陈，多年来工作过程如翻江倒海在脑海中不断涌现，过电影一般历历在目，清晰生动。

我自幼喜欢中国武术，痴迷民族瑰宝的深厚文化底蕴和高超竞技技术，深感它的博大精深，在此领域努力学习探索，矢志不移。1982 年毕业于北京体育大学武术系，从事高等学校体育教学工作。在多年的武术教学工作中，不断学习、挖掘中国武术的丰富内涵，同时注意了解国外民族传统优秀体育项目，以便于开阔眼界，开拓思路，借鉴吸收，服务学生和人民大众。上个世纪末，起源于印度的一种健身项目——“瑜伽”引起了我的兴趣。它动静结合，调整呼吸，修身养性，挖掘潜能，给修炼者带来强健的体质和愉悦的心情。“瑜伽”，有“联系，结合”之意，是心灵、身体和精神的高度统一，对社会、自然索求甚少，真可谓和谐共处，天人合一。从另一个意义上说，将两个世界上文明古国的民族优秀传统体育项目加以“联系，结合”，岂不是两全其美、锦上添花之事!

自此，我开始了漫长的学习探索阶段。孤灯苦读，研习进修。勤能补拙，上苍眷顾，终有所悟。在历经数年教学实践过程中，教学效果日益显现，学生喜欢，社会欢迎，我的心得体会也不断积累加深。有感于现有学习材料的不足、杂乱和没有适合高校的教学教材，萌生了将自己多年来讲课教义编辑出版发行，以满足学员需求的想法。于是开始着手整理工作。2008 年《瑜伽 90′ 初级教程》在全国发行，填补了国内高等学校无“瑜伽”教材之空缺。学生、社会反响尚可。这给予我极大鼓励和勇气，激励我继续做下去。又经过两年的努力，《瑜伽 90′ 中级教程》即将发行，聊

以自慰，权且算是又完成了一项工作吧。

滴水之恩，当涌泉相报。回忆几年来所走过的路，我深深觉得，是许许多多的同志、幕后英雄的帮助才促使该书的出版发行。甘肃省科技厅的领导，是他们慧眼识货，准予立项；甘肃省体育局领导，社会体育管理中心同行，是他们为该课程推向社会提供了广阔的平台；兰州大学教务处的领导和专家对教材的肯定和资助；兰州大学出版社的编辑为该书的出版发行所做的辛勤工作。同时，还要非常感谢我的瑜伽同行，山东体育学院体育艺术系的高峰老师，在长期的教学实践中，地处他乡，利用电信网络系统，积极配合完成众多瑜伽动作组合的编排，为书稿的完成做了大量的工作，感谢兰州大学、山东体育学院的许许多多学员的练习配合。在这里我还特别要指出，我的工作单位一兰州大学体育教研部的领导和教师对我所做的工作予以大力支持、配合和提供方便，使我深受感动。千言万语无法表达我的心情，在这里我只能得帮助过我的单位、同事和朋友一并发自肺腑地说一句，谢谢了！

“路漫漫其修远兮，吾将上下而求索”，我将沿着“联系，结合”之路，继续向前迈进，力争为社会多做一些有益的事，也算是对帮助过我的许多单位和同志们的一点回报吧。

编者

2009 年 12 月 28 日

参考文献

1. [印度]霍华德·J. 图解瑜伽经. 西安：陕西师范大学出版社， 2007.

2. [美]马丁·柯，布鲁克·布恩. 哈他瑜伽. 哈尔滨：黑龙江科学技术出版社，2009.

3. [印度]玛亚孟薇. 印度瑜伽. 成都：成都时代出版社，2007.

4. 张惠兰，柏忠言. 气功与冥想. 北京：人民体育出版社，1986.

5. [韩]李政勋. 瘦身美体瑜伽训练. 韩玉萍译. 北京：民主与建设出版社，2004.

6. [美]瑞隆. 哈他瑜伽关键肌肉全解. 蔡孟梅译. 上海：锦绣文章出版社，2008.

7. 郑先红. 东方瑜伽系列. 北京：中国轻工业出版社，2006.

瑜伽心得

——Firuza

我叫 Firuza，中文名字是菲璐。我是留学生，从乌兹别克斯坦来的，我很喜欢瑜伽，瑜伽是一种内心、神经的运动，从小我就很想练这种运动，但是没有机会学，因为在我们的国家没有这种运动，在中国我的梦想终于实现了。

生活中我们遇到不少困难，练瑜伽会使我们放松，消除疲劳，对身体也有很大的好处。

对我来说练瑜伽不太容易，因为有些地方做得不好，所以我不但在上课的时候练，而且在家里也练，我感觉自己的身体比以前好多了，心情也安定多了。有些人身体不太好，生活中也会遇到困难，练瑜伽，也是很好的方法，虽然不能解决问题，但是会有好的心情去面对。

我很高兴，兰州大学给了我练瑜伽的机会，尤其我的专业是预防医学。

瑜伽心得

——千智银

我在韩国的时候，听了很多关于瑜伽的事。但是一次也没学过，我选择瑜伽的目的是减肥，想要苗条的身材，去瑜伽课的时候很期待！第一次上瑜伽课的时候，老师说瑜伽对我们身体的内部有很多好处，开始学习动作的时候很难。

第二天起来的时候，胳膊、腿还有很多地方非常疼，动的时候不舒服。但是每天反复简单的动作以后肚子有效果。我常常消化不良，但是练习瑜伽的动作以后消化好，心情也好了。瑜伽动作都很慢，开始学习的时候很闷，因为我的性格很急，但慢慢就习惯了，练瑜伽以后有很舒服的感觉。还有，老师每次教的时候，都是笑着教我们，所以我上课的时候没有负担，舒服地模仿老师的动作。

我觉得在心情好的情况下，学习效果也非常好。我打算继续练习瑜伽，以后想跟老师有一样优美的动作。

瑜伽心得

——2008级历史文化学院旅游管理专业　谷南

一个学期的时间，对于瑜伽学习的整体过程来说，也许只是沧海一粟罢了。然而，于我自身而言，却发生了质的变化，因为，我对瑜伽有了全新的认识和感受。

从上学期末的体育选课说起吧。当时，抱着好奇的心理，我幸运地选上了瑜伽的课程。那时的我，对瑜伽的认识非常肤浅，只知道那是一项逐渐在年轻人中间流行起来的体育运动，知道那项体育运动可以塑体减脂，可以修身养性。只是这些而已。但是，真正的瑜伽是什么样子的，练习瑜伽是怎样的一个过程，除去那几张用以宣传的动作图片以外，就再无所知了。

懵懂地选了瑜伽的课程，我是幸运的。因为，随着练习的深入，我对瑜伽的感受也更加深刻，而且，从内心深处开始真正地喜欢上了它。

涤荡心灵的音乐，清幽地在空气中回荡，若有若无的感觉深深地沁入每一寸肌肤。我很喜欢这种感觉，可以让我忘却纷繁和复杂，愉悦或不快，享受那片纯洁的宁静，没有一丝杂质和尘埃。双腿盘坐，眼睛微闭，大脑也停止了思维……这时的我，面对的是心底里真真正正的自我，不需要掩饰，没有被束缚，所体会到的，是彻底的心静和无邪的快乐。

缓缓睁开双眼，看到阳光透过窗口大束大束地射进来，明媚得刺眼，辉煌得完美。有句话这样说，世界上不是缺少美，而是缺少发现美的眼睛。那么，瑜伽，就是赐予我这双眼睛的女神。在经过短暂的静心之后，怀着感恩之心、宁静之心、美好之心去看这个世界，周围的一切都变得很美丽，每一个人都是自己生命中最虔诚的信徒，在追寻、在冥思、在享受、在感激。

清幽的音乐，舒缓的节奏，大口的呼吸，古老的动作，轻声细语的指导……所有的一切集结在一起是那么和谐，就像心灵、肉体和精神的完美和谐一般。有些动作，虽然我不能做到像老师一样标准和到位，但是，可以做最好的自己，追求自我的极致，让自己的身心舒缓、思维集中。因为瑜伽不仅仅是一项体育运动，它更是一种生活方式，更是一种人生哲学。面对如此博大精深的瑜伽，我们渺小得如同一粒沙，短短的一个学期，我像一个婴儿般尽情地吮吸着瑜伽带给我的养分，虽然不能够全部领会，但是，就其中的一些方面，不断练习，能够获得自己的见解，在强身健体的同时修身养性，便是一种莫大的收获了。

在瑜伽的动作和命名中，我深深地体会到了古印度的信徒对自然和万物的崇拜。瑜伽的很多动作，都是动物的模仿，而动作的命名，更是充分表达了对日月的崇拜，这在冥冥中与中国古老的天人合一思想不谋而合。其实，我们每一个人都是自己的宇宙。感谢日月星辰，感谢自然万物，感谢我们身体的每一个角落，每一寸肌肤。拥有了这样的心态，平凡的一呼一吸间，便能体会到很大的快乐和满足，那是不求索取和有容乃大的心境与气质。

瑜伽带给我的还有很多很多，在心性方面，一切词语都显得那么苍白无力，唯有内心的真善美才是对它最恰当和最完美的诠释。瑜伽，感谢你，是你带我走进了一个全新的愉悦的天堂……

走进瑜伽，享受生活

——兰州大学教工瑜伽练习场景

走进瑜伽，享受生活

——兰州大学教工瑜伽练习场景

走进瑜伽，享受生活

——兰州大学教工瑜伽练习场景

示范动作学员介绍

我叫黄茜，现就读于兰州大学大气科学学院。我于 1989 年的圣诞夜降生于这个美丽的世界。我喜欢自由烂漫的生活，能和朋友无拘无束地聊天打趣。我喜欢在图书馆里闲逛，任思维随意地游荡。我也喜欢瑜伽，在一呼一吸之间，在肌肉的伸展和收缩的过程中，我的身体摆脱了禁锢，我的心灵得到了自由。

黄茜

示范动作学员介绍

放宽了心情，什么都变美了

我来自美丽的南疆盆地中的素有“梨城”美誉的库尔勒市，在那里我度过了18年的幸福时光。我现在是兰州大学教育学院2008级的一名学生，来兰大两年了，我渐渐喜欢上这里的淳朴和踏实。我擅长舞蹈，但是更喜欢瑜伽带给我的一种与众不同的气质。我一直是个急性子的人，但在练习瑜伽的一年之后，我发现自己在心智方面改变了许多，变得成熟了，喜欢那种心如止水的感觉。

高芦瑶

示范动作学员介绍

“天然的食物，充足的睡眠，适当的运动，愉快的心情——健康是我最大的财富。”

我来自历史底蕴深厚的古城、成语之乡——邯郸。家乡塑造了我开朗乐观的个性。现为兰州大学文学院2007级学生，在兰州这片土地上，我学会了很多，有深厚、有广博、有朴实。通过瑜伽也结交了很多好朋友，我相信，微笑是最好的通行证。爱自己就要爱生活；爱生活，那么就随我们一起走进瑜伽世界吧！

王娟

示范动作学员介绍

放开怀抱，用一种平和安定的心态感受美好生活

我来自祖国的西北——甘肃省甘谷县，为兰州大学2006级力学专业的学生。爱好各种球类运动和爬山。一次偶然的机会，我在大二的体育课上接触到瑜伽，后来慢慢地喜欢上了这种印度神奇的艺术。练习瑜伽不仅强健了我的身体，更让我心态自如。我很享受瑜伽带给我的自由自在的全新感觉。

包能能

示范动作学员介绍

瑜伽于我不仅仅是一种运动，更多的是一种生活方式，一种我用之于为人处世的生活态度。古人云，文思修，修也许是思想的最高境界，于是我选择瑜伽来作为我修身养性的方式，收获颇多。在一个个体位的变换中慢慢地沉浸下去，体会每一次伸展、扭曲、倒立带给身体的变化以及对心灵的净化。呼吸、体位与冥想完美结合，每一次瑜伽的练习都是一次身心的洗礼。现在我已深深地爱上了瑜伽，习惯了瑜伽溶进我生活的方方面面，因为瑜伽我变得更加宽容、更加平和，更加珍惜生命的美好，不再慌张、不再彷徨，有的只是一份对生活的热爱、对生命的珍惜。

兰州大学数学与统计学院
2006 级数学基地班　王辰星

练习瑜伽需掌握的医学常识

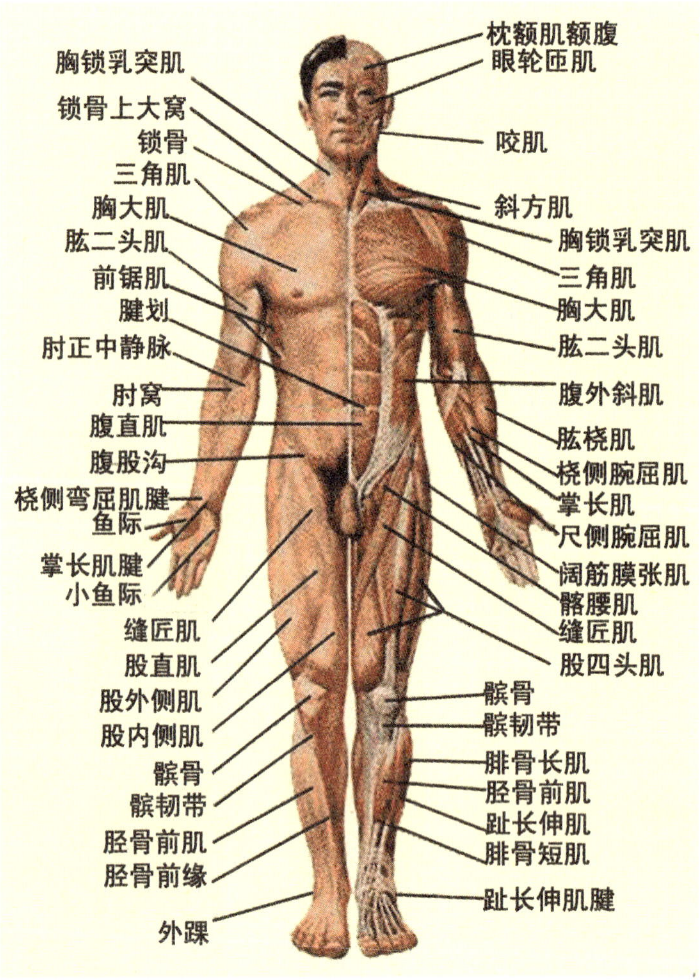

练习瑜伽需掌握的医学常识

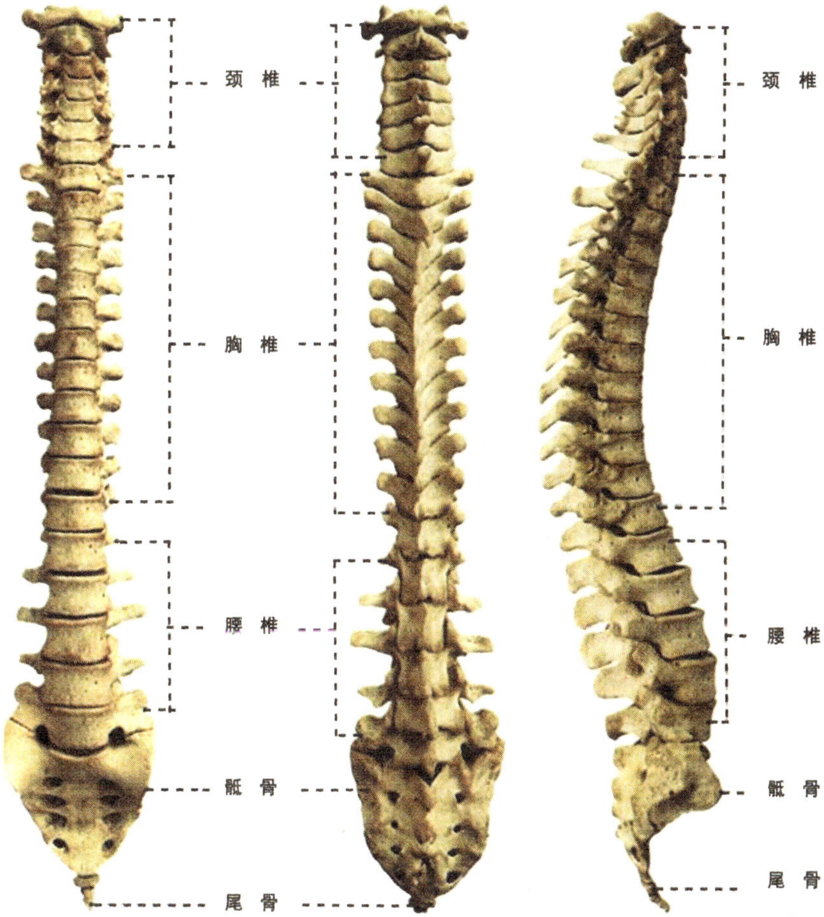

练习瑜伽需掌握的医学常识

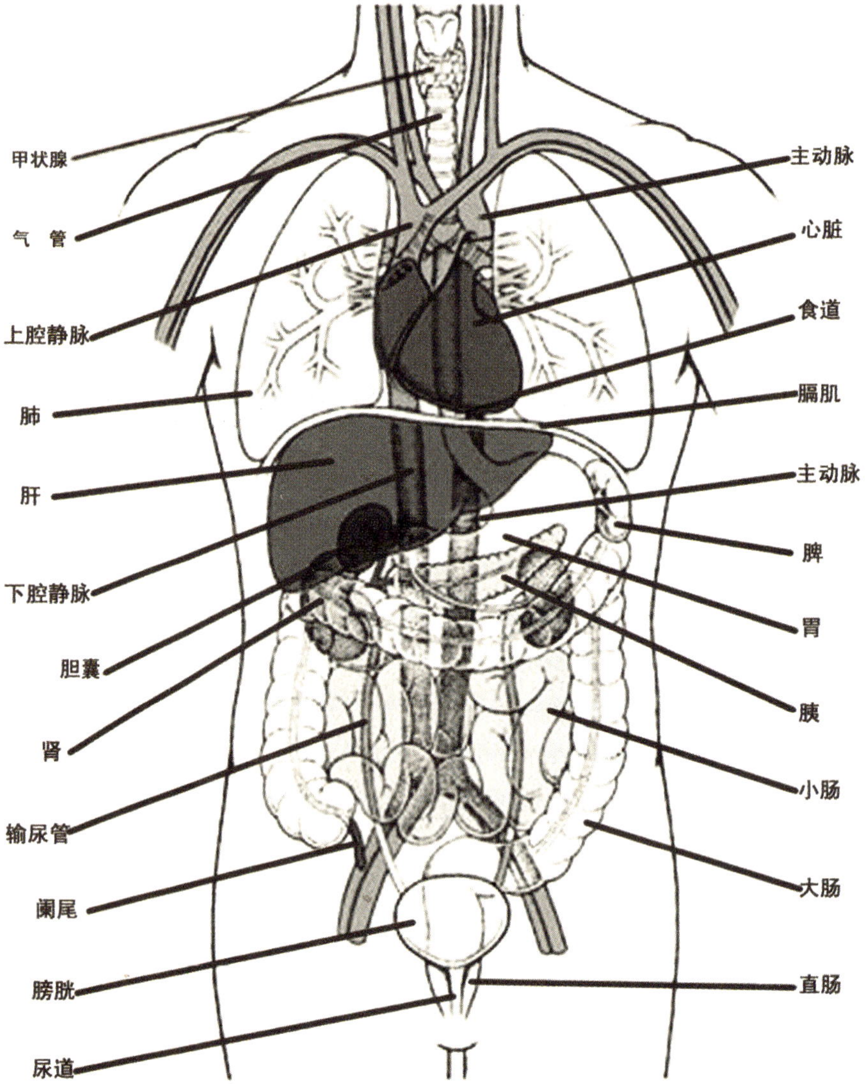